DE

LA COLONISATION MILITAIRE

DE L'ALGÉRIE

PAR

R. THOMASSY.

PARIS
ARTHUS BERTRAND, ÉDITEUR,
RUE HAUTEFEUILLE, N° 23.
1840

DE LA

COLONISATION MILITAIRE

DE L'ALGÉRIE.

La question d'Alger, vue de près, se lie directement aux intérêts commerciaux, maritimes et politiques de la France. Sous ce rapport elle se résout dans la fondation d'une colonie qui, par l'avantage de sa proximité, pourrait à la rigueur nous dispenser de toutes les autres, si un grand peuple pouvait jamais se passer d'établissements de cette nature.

Vue d'un peu plus haut, la même question domine toute l'Afrique septentrionale et se rattache par conséquent à l'avenir de l'Égypte et de la Syrie, à la restauration de la nationalité arabe, cette grande préoccupation de la diplomatie européenne et de la civilisation moderne. A ce point de vue plus général, notre établissement en Algérie est la base même de notre prépondérance sur la Méditerranée. On conçoit en effet de quel intérêt majeur et tout-puissant il est pour la France de tenir une extrémité de cette mer resserrée comme un canal entre les deux rivages que leur proximité a fait pour le même empire, tandis que l'autre extrémité se trouve aujourd'hui dans les mains d'un fidèle allié qui rassemble sur la grande route de l'Inde toutes les forces auxiliaires de notre politique extérieure.

Tout ce qui s'accomplit ou se prépare pour l'Algérie doit enfin se considérer au point de vue de la question d'Orient, immense problème qui domine l'avenir commercial de l'Europe, et dont le dénouement approche avec une effrayante rapidité. On dirait un fruit déjà prêt à cueillir, une moisson qui mûrit sous un ciel de feu. Or, plus sont vives les craintes qu'inspire au *statu quo* de l'Occident la péripétie du grand drame oriental, plus la solution de ce problème devient imminente, et plus il importe à la France de tenir ferme sur le continent africain, d'où elle pourra exercer sur les races musulmanes son ascendant civilisateur.

En présence de tant d'éventualités, qui pourrait hésiter à consolider une colonie qui est un avant-poste maritime et militaire pour les grands débats que chacun pressent? Qui pourrait hésiter à pourvoir aux graves difficultés qui, si nous n'y prenons garde, y surgiront infailliblement plus tard au contre-coup des événements du dehors? Hâtons-nous donc ; car chaque année de retard est une année de sacrifices onéreux ; chaque année d'immobilité, une année de marche rétrograde. Mais ici plus que jamais c'est le cas de dire : Hâtons-nous lentement ; bâtissons sur l'expérience et ne développons jamais notre colonie sans l'avoir d'abord fortifiée.

En parlant d'expérience, distinguons bien celle qui convient à l'Afrique, de celle que nous pratiquons en France, car l'une et l'autre sont comme deux antipodes et aussi opposées entre elles que les deux sociétés auxquelles elles sont applicables.

Il résulte de cette opposition que l'homme qui a le plus étudié notre état social et comprend le mieux le mécanisme de notre centralisation, s'il ne comprend que lui seul et s'est exclusivement pénétré de son esprit, est nécessairement le plus impropre à comprendre et à diriger le mouvement des populations africaines ; et pour peu que l'expérience de notre système administratif, judiciaire ou politique soit dégénérée chez lui en routine comme il arrive si souvent, on peut être sûr que cet homme, habile sur le terrain qui lui était familier, va trébucher à chaque pas sur le terrain inégal et plein d'accidents imprévus de l'Algérie. Cela vient de ce que la question de cette colonie est entièrement nouvelle pour nos habitudes et si étrangère à nos idées reçues, que pour lui trouver une analogue dans notre histoire, il faut remonter jusqu'aux temps des croisades. Alors en effet nos bandes féodales colonisaient la Calabre et la Sicile, fondaient un royaume en Palestine, plaçaient un comte de Flandre sur le trône de Constantinople et des colonies religieuses et commerçantes sur tous les bords de la Méditerranée. Mais l'histoire de ces établissements est généralement si peu connue ou si mal comprise qu'elle n'exerce plus sur nous l'autorité de l'expérience. Les traditions du passé, se trouvant ainsi rompues, nous laissent entièrement novices dans la science de la colonisation. Aussi faute d'antécédents pour nous diriger et nous soutenir, nous avons dû payer chèrement notre premier apprentissage ; car il ne s'agit même plus en Afrique de ces chefs de colons envoyés par Colbert et Louis XIV, libres concessionnaires ou membres de compagnies privilégiées qui se chargeaient de diriger vers un but utile des hommes attachés à leur fortune, et intéressés aux succès de leurs entreprises. Pour la première fois c'est le gouvernement lui-même qui se charge de diriger nos colons; et c'est le pouvoir politique qui essaie d'accomplir une œuvre réservée jusqu'à ce jour au génie de la liberté et du commerce ou à celui de la religion. Aussi, ne saurions-nous trop le répéter:

à une question nouvelle il faut des hommes nouveaux ou bien entièrement capables de se rajeunir, ce qui est à notre époque d'une effrayante rareté. Il faut encore que ces hommes soient jeunes de corps aussi bien que d'esprit, car ils ne doivent pas se prêter seulement à l'intelligence des idées et des mœurs arabes et refaire en quelque sorte leur éducation ; ils doivent, à certains égards, se faire aussi à l'influence du climat, à l'humidité des nuits, à l'ardente chaleur du jour et à une vie moitié barbare, moitié civilisée, partagée entre la tente des tribus nomades et les villes maritimes directement soumises à notre domination.

Les Anglais, qu'on cite à tout propos comme si leur état féodal était celui de notre société et comme si notre histoire ne nous offrait pas de meilleurs modèles, n'enrôlent pour l'armée et l'administration de la compagnie des Indes que de jeunes hommes, capables de former leur tempérament aux intempéries d'un ciel meurtrier et leur volonté au mode de gouvernement qu'acceptent de quelques milliers d'Européens cent millions de timides Indous. En Algérie, nous n'avons ni ces populations soumises ni surtout ce climat dangereux; mais l'exemple des Anglais n'y est pas moins applicable à certains égards, et nous devrions en profiter pour y envoyer toujours de préférence des hommes qui n'ont pas vieilli dans la routine européenne. Ceux-là, capables encore de se transformer au moral et au physique, se feront facilement à toutes les allures des indigènes, et, compris d'eux comme ils les comprendront, sauront leur faire accepter notre influence. Mais en attendant que nous ayons des hommes ainsi appropriés au gouvernement de l'Algérie, et en assez grand nombre pour étendre dans l'intérieur notre autorité, que de tâtonnements, que de demi-mesures, que de fautes, il faut bien le dire, seront inévitables ! Pour ma part, je m'étonne qu'on en ait fait si peu depuis trois ans, et j'en rends grâce à la sagesse du maréchal Valée. Mais le mal n'en existe pas moins, toujours prêt à renaître, et par des irruptions soudaines prêt aussi à nous donner de rudes leçons.

Ce mal toutefois serait à moitié guéri, si nous pouvions franchement le reconnaître, et si, au lieu de nous aveugler volontairement, nous avions constamment devant les yeux la difficulté qu'il y a pour nous, enfants d'une société centralisée, à nous accommoder immédiatement aux conditions d'une société demi-barbare. Bien poser cette difficulté serait la résoudre à demi ; car, grâce à la faculté de transformation dont se trouve si bien doué le génie national, lui montrer la nouveauté du problème, c'est le placer dans les conditions les plus favorables pour lui apprendre à le résoudre. Ainsi reconnaissons que la question qui se présente à nous dans l'Algérie est sans analogue dans notre état social moderne, comme sans antécédents dans nos idées et dans nos mœurs actuelles. Si donc nous voulons nous mettre à même de la bien résoudre, il faut d'un côté nous transporter par le souvenir à une époque où nous étions le mieux préparés à la solution ; et d'un autre côté, aller la chercher sur les lieux mêmes par l'étude des colonisations antérieures à la nôtre. Or, les colonisations dont nous pouvons nous faire une idée juste dans l'histoire de l'Algérie et de l'Afrique septentrionale, nous montrent successivement les Romains, les Arabes et les Turcs comme fondateurs d'établissements agricoles et guerriers. C'est à l'aide de soldats agriculteurs que ces trois peuples conquérants, après avoir vaincu les indigènes, s'établissent parmi eux. Les Romains d'abord, faute d'employer la colonisation militaire, combattent et triomphent deux siècles dans la Numidie, sans pouvoir y exercer qu'une souveraineté nominale. Enfin une légion d'aventuriers nommés Sittiens, après avoir servi Jules César, s'établissent à Cirta, se partagent cette province indomptée, et non-seulement la soumettent, mais la fécondent et contribuent puissamment à rendre les habitants agriculteurs, de nomades qu'ils avaient été jusqu'alors.

Les Arabes arrivent à leur tour ; et c'est eux surtout qui prennent soin d'attacher leurs troupes au pays conquis en leur distribuant toutes les terres disponibles, en les transformant en associations de cultivateurs, tenus seulement au service militaire. Dominateurs par les armes et civilisateurs par l'agriculture, leurs colons tirèrent de véritables prodiges de cette industrie, et portèrent jusqu'en Espagne la canne à sucre, le mûrier et le riz, triple et inépuisable ressource des peuples modernes.

Pour citer un dernier exemple, c'est grâce encore aux colonies militaires que la république aristocratique d'Alger gouvernait la régence avec quelques milliers de combattants, et corrigeait en partie les abus monstrueux du corps privilégié des janissaires. Celui-ci, fondé à l'imitation des anciens chevaliers de Malte qu'il devait combattre, était soumis au célibat et à une organisation exclusivement militaire. On sait aussi comment il déploya son caractère essentiellement destructeur. Mais cette milice avait pour auxiliaires les descendants des aventuriers turcs mariés aux filles indigènes, et formant, sous le nom de Koulouglis, une population mixte, adonnée à tous les soins de la vie civile et de l'agriculture, en même temps que soumise aux charges du service militaire et de la défense du pays. C'est ainsi qu'à Tlemcen, ils défendaient les frontières de l'Algérie contre les Marocains, et les protégeraient encore aujourd'hui contre Abd-el-Kader si nous avions su tirer parti de leur alliance. Or, si quelques milliers de soldats agriculteurs suffisaient à la milice d'Alger pour gouverner les populations indigènes et les défendre contre les entreprises du dehors, pourquoi ce système, déjà si heureusement pratiqué par les Arabes et par les Romains, serait-il dédaigné par nous qui avons tout oublié en fait de colonisation?

Lorsque nous avons à refaire à cet égard toute notre éducation, il me semble assez sage et assez prudent de s'en rapporter à l'expérience de nos prédécesseurs. Leurs conquêtes, comme d'ailleurs toutes celles de l'antiquité et du moyen-âge, n'ont été durables qu'en prenant pour base la culture du sol et des arts de la paix par l'armée conquérante. Les vainqueurs se rapprochaient ainsi des vaincus, en s'identifiant à tous les intérêts et à tous les besoins de la vie civile. L'union se consommait ensuite par la religion et par les mariages; et dans tous les cas, les relations multipliées du commerce suffisaient pour entretenir la bonne intelligence : mais c'était toujours lorsque l'armée conquérante, après avoir détruit les obstacles de la colonie, en jetait elle-même les fondements et se mêlait à tous les travaux de la vie sociale. Que cette expérience du passé dirige maintenant nos pas à mesure que nous avancerons dans l'étude de la question d'Alger.

Avant d'entrer dans l'examen de ce problème, éliminons d'abord toute opinion qui ne serait bonne qu'à l'entraver. Il en est une avec laquelle il n'est plus permis de discuter, c'est celle de l'abandon pur et simple de l'Algérie. Un second système, celui de retraite sur la côte, mérite encore moins qu'on discute avec lui, car il n'a pas même la franchise du premier. On ne peut y voir qu'une demi-mesure dictée par l'incertitude ou par la peur, offrant les inconvénients de tous les systèmes sans aucun de leurs avantages, sinistre précurseur d'un abandon complet après les charges onéreuses d'une occupation sans résultat.

Restent donc les systèmes qui veulent une occupation réelle et définitive. Ceux-ci ne diffèrent entre eux que sur les moyens de rendre l'occupation la plus utile et la plus sûre pour l'avenir. Pour lui faire atteindre plus promptement ce but, certains publicistes la veulent restreindre à des points d'une défense facile et d'une utilité immédiate; les autres la veulent déployer sur une grande étendue de territoire, parce que, disent-ils, l'espace est le meilleur rempart contre les Arabes, et qu'en les enveloppant dans une grande circonférence on a bien plus de moyens pour les contenir. Dans cette dernière opinion, l'espace gardant mieux que les forteresses, il en résulterait qu'en Afrique *le plus serait plus facile que le moins* (1), et que pour échapper à tous les inconvénients d'une demi-mesure, il faudrait repousser l'occupation restreinte. Examinons ces deux systèmes qui sont vrais chacun par un côté. C'est en prenant de l'un et de l'autre la portion de vérité qu'ils renferment que nous arriverons à une vérité complète.

(1) Paroles de M. le général Bugeaud.

Et d'abord il est évident que l'occupation de l'Algérie peut à la fois se restreindre ou se développer, à la condition, dans l'un et l'autre cas, de se conformer et aux circonstances du sol et à celles des populations. Ainsi l'occupation développée s'est déjà justifiée par elle-même dans la province de Constantine, et l'expédition des *Portes-de-Fer* y a tracé le périmètre où nous devons nous établir définitivement pour dominer les tribus agricoles et en général sédentaires, comprises dans ce cercle d'influence et d'activité. Dans la province d'Oran, au contraire, des populations nomades, mobiles et flottantes, et un sol bien moins productif se refusent à un pareil système ou du moins le rendent beaucoup plus difficile, surtout avec les moyens si peu efficaces consacrés jusqu'ici à son application. Vainement occuperions-nous Tlemcen, Mascara et quelques autres positions de ce genre ; elles seraient trop éloignées ou trop excentriques pour se relier ensemble et contenir dans nos lignes de circonvallation des tribus insaisissables, toujours prêtes à nous échapper. Dès lors celles-ci, toujours sûres de l'impunité, n'en seraient ni plus ni moins disposées à la révolte ; et nos efforts pour les dominer tout aussi impuissants qu'auparavant. L'occupation de l'Algérie peut donc à la fois se restreindre et se développer ; mais, hâtons-nous de le dire, là n'est pas la grande question, quoiqu'on s'obstine à la désigner sous ces mots.

La première difficulté est de savoir comment on occupera la portion de territoire à laquelle on se sera restreint ? c'est-à-dire comment on aura prise et domination sur les intérêts plus ou moins mobiles, plus ou moins sédentaires des indigènes qui sont à contenir ou à civiliser ? En d'autres termes, il s'agit, avant de coloniser, d'avoir les agents et les instruments colonisateurs ; et voilà dix années d'expérience qui prouvent que nous n'avons point encore su les trouver ou du moins que nous n'avons pas su les mettre en œuvre. Qu'on ne parle donc pas d'occupation restreinte ou développée, tant qu'on n'aura pas déterminé, en principe et indépendamment de toute échelle d'application, la méthode et les moyens d'occuper un point quelconque. Nous allons donc examiner et ces moyens et cette méthode, qui, appropriés à la nature du sol et des habitants, doivent rendre l'occupation de l'Algérie à la fois sûre et productive, double condition d'existence pour toute colonie.

Et d'abord, pour être productive l'occupation doit être nécessairement agricole et commerciale. Ce n'est qu'à cette condition qu'elle peut devenir utile à la mère-patrie. Tout le monde est d'accord sur ce point. Mais comment la rendre sûre, inébranlable ? comment la mettre à l'abri de tout revers, soit de la part des Arabes, soit de la part de tout ennemi extérieur ? C'est ici que les moyens proposés diffèrent presque autant que les personnes. Ainsi les uns se préoccupent avant tout de la colonisation civile et comptent sur une émigration européenne ; d'autres réclament de préférence la colonisation militaire, et la combinent à divers degrés avec la précédente ; d'autres enfin ne songent qu'à établir par l'armée notre domination en attendant que l'action du temps vienne féconder notre conquête. Mais tous reconnaissent que la meilleure condition d'une colonie est de se suffire le plus possible à elle-même, et qu'il n'y aura complète sûreté pour nos établissements d'Afrique que lorsqu'ils pourront se maintenir et se défendre avec leurs propres ressources, de manière à laisser disponible la presque totalité de notre armée pour l'éventualité d'une grande guerre européenne. Or, dans l'état des choses, non-seulement l'Algérie est loin de pouvoir ainsi compter sur elle-même, mais elle retient pour sa défense 50 à 60,000 hommes dont l'emploi est par conséquent détourné d'un but plus essentiel, celui de protéger le sol national.

Aussi le détournement de forces aussi considérables est-il la grande objection renouvelée sans cesse contre la colonie. C'est donc cette objection qu'il faut résoudre en commençant, quoique de prime abord elle paraisse insoluble en face d'une population indigène la plus naturellement disposée à la guerre qu'il y ait au monde. Tout en effet contribue à faire des Arabes une race éminemment guerrière : la rude sobriété de la vie, l'ardeur du climat, l'avidité du gain et l'amour traditionnel des aventures chevaleresques. Comment dès lors songer à retirer tout ou partie de nos troupes, à moins d'avoir des colons capables de les remplacer et assez fortement organisés pour suffire à leur propre défense ? L'organisation militaire, seul moyen de défense et de sécurité, est donc pour les colons la première condition d'avenir, à moins qu'on ne veuille les tenir constamment sous la tutelle de 50 ou 60,000 baïonnettes, aussi improductives pour la colonie que dispendieuses pour la France.

D'un autre côté, l'objection qui pèse comme une épée de Damoclès sur nos établissements d'Afrique ne peut se résoudre que par un nombre de colons assez considérable pour remplacer l'armée. Or, les émigrants ne viennent pas ou viennent peu. Les hommes nous manquent, de sorte qu'en ce moment les colons n'ont par eux-mêmes ni le nombre ni la sécurité. Mais remarquons bien qu'ils n'ont pas l'un, parce qu'ils n'ont pas l'autre. En leur assurant la sécurité, leur nombre s'accroîtra infailliblement ; et tout se réduit de nouveau à leur donner cette organisation militaire qui, même en face d'une population moins hostile que les Arabes, serait la première condition d'existence d'une colonie fondée par la conquête. Voici donc pour nous l'état de la question : S'il est clair que pour coloniser, il faut des colons, pour avoir des colons il faut d'abord leur offrir sécurité ;

et comme leur nombre s'accroîtra d'autant plus que la sécurité sera plus grande, il faut avant tout les rendre forts contre les obstacles qu'ils auront à combattre en Afrique, c'est-à-dire à les organiser militairement. Ceci reste toujours le point essentiel ; et les autres ne sauraient venir qu'après, en proportion de leur degré d'urgence et d'utilité.

Malheureusement, jusqu'ici, comme on ne s'est guère préoccupé que de la colonisation civile, c'est-à-dire qu'avec des instruments pacifiques, on a voulu faire avancer la civilisation en face de la barbarie ; et conformément à ce principe, on n'a essayé d'établir définitivement en Algérie que des industriels, de petits marchands ou des agriculteurs paisibles, tous gens incapables de suffire à leur propre défense. De sorte qu'avec eux la colonie a reçu le superflu avant d'avoir le nécessaire. Elle s'est décorée avec luxe avant de s'être assuré les moyens permanents de sûreté. Aussi, bien loin qu'elle ait pu se défendre elle-même, n'avons-nous pu la maintenir qu'à grands renforts de troupes et d'expéditions militaires ; et l'expédition actuelle, quelque complet qu'en soit le succès, ne la préservera jamais définitivement d'un nouveau ravage de la Mitidja, si l'on n'établit dans cette plaine, ou du moins sur tous ses débouchés, ces colons agriculteurs et soldats que nous retrouvons dans toutes les colonisations antérieures à la nôtre et qui nous semblent en Afrique la première, pour ne pas dire l'unique condition d'un établissement stable et productif.

Mais, dira-t-on, s'il ne faut que des agriculteurs et des soldats, nous avons d'abord ceux-ci dans l'armée ; et quant aux autres, nous les aurons en attendant patiemment la venue d'une population européenne. Tel est l'esprit du système aujourd'hui en faveur. Eh bien ! ce système, quelles que soient d'ailleurs la prudence et la probité qui président à son application et corrigent les vices inhérents à sa nature, au fond, ne résout aucune difficulté; et c'est à grand'peine s'il pourra les pallier en continuant d'être appliqué avec la même sagesse. Mais même dans ce cas, il y aura toujours des retours d'autant plus funestes qu'ils auront été moins prévus : témoin cette irruption de Barbares qui est venue tout-à-coup troubler le triomphe du maréchal Valée après le passage des *Portes-de-Fer*. Le système actuel, bon peut-être comme transition, nous semble donc mauvais pour l'avenir de la colonie, d'abord parce qu'il emploie une lenteur infinie qui convient peu au génie de notre nation : car, en France, pour faire bien, il faut presque toujours faire vite ; ensuite, parce qu'il ne pourvoit pas à l'éventualité toujours imminente du rappel forcé d'une partie de nos troupes ; enfin, parce qu'il maintient la séparation de la vie militaire et de la vie civile, dont les abus se font déjà sentir dans notre société civilisée, mais qui semble souverainement inadmissible au milieu d'une société aussi imparfaite que celle des populations de l'Algérie. Ce dernier point surtout est le vice radical du système actuel. Vouloir, en effet, appliquer à un état social demi-barbare ce qui est le fruit et peut-être l'excès de notre civilisation, n'est-ce pas dénaturer les éléments du problème? Après le ravage des plaines de la Mitidja, et en songeant à ces ennemis invisibles qui n'apparaissent que pour fuir et ne fuient que pour reparaître à l'improviste, qui ne sent la nécessité de donner à l'armée une organisation partout présente et redoutable, et d'en faire en quelque sorte une cuirasse mobile et animée, toujours debout autour de chaque intérêt agricole ou commercial? Mais comment trouver le secret de cette nouvelle organisation, si le colon ne prend lui-même cette cuirasse, ou bien si le soldat ne se charge de tous les intérêts du colon et combattant d'une main ne cultive aussi de l'autre? L'union du colon et du soldat, c'est-à-dire la fusion de la vie civile et de la vie militaire, est donc l'unique moyen de défense contre une nouvelle irruption de Barbares. Je ne sache pas d'autre solution possible aux difficultés inhérentes à notre système actuel de colonisation.

Qui ne sait d'ailleurs combien l'aptitude à plusieurs rôles, caractère distinctif des hommes de l'antiquité et du moyen-âge, est favorable ou plutôt nécessaire aux fondateurs d'une colonie? Lorsque tout est à créer, lorsque chaque moment peut faire naître les exigences les plus imprévues et les dangers les plus divers, comment y pourvoir, comment faire face de tous côtés, si l'on n'a des facultés complètes, si l'on n'est à la fois soldat et citoyen, guerrier et homme d'état? si l'on ne tient dans sa tête et dans ses mains toutes les ressources combinées? C'est alors vraiment que les aptitudes exclusives et les applications particulières n'étant propres qu'à un objet déterminé, ne servent à rien ou plutôt nuisent à tout. Aussi les anciens et les hommes du moyen-âge, les uns et les autres si bien doués de l'instinct de conquête et de colonisation, se restreignaient-ils difficilement à une seule profession. Ils embrassaient ordinairement toutes celles qui leur importaient pour se suffire à eux-mêmes; car, trouvant alors peu de secours dans la société, ils étaient obligés de tout connaître pour mettre tout à profit. N'est-ce pas là précisément et pour longtemps encore la condition de la société nouvelle que nous allons établir en Algérie? Il ne faut donc pas s'y laisser préoccuper, comme s'il s'agissait de la France, du principe moderne de la division du travail, qui se traduit en politique par la distinction des pouvoirs, dans l'armée par celle des armes spéciales, et dans la société en général par la séparation de la vie civile et de la vie militaire. En effet, plus ce principe convient aux progrès de notre civilisation, et moins il doit s'accorder avec les éléments constitutifs des populations africaines et de leur société demi-barbare. Or, pour agir sur cette société et la transformer, il faut d'abord nous mettre en contact avec elle, c'est-à-dire nous rapprocher des éléments qui la distinguent de la nôtre, et ne pas plus songer de longtemps à introduire la distinction des pouvoirs qui affaibliraient notre influence, qu'à maintenir la funeste séparation de la défense et de la culture, qui fait que 50,000 soldats ne peuvent protéger efficacement quelques milliers de colons.

Toute la question se réduit donc à trouver et à former des colons d'une nature multiple, à la fois militante, cultivatrice, industrieuse, et à les établir en Algérie, sans esprit de retour, à la place de ces régiments qui, outre l'impuissance où ils sont de protéger efficacement la colonie, ne peuvent guère mieux se protéger eux-mêmes, décimés qu'ils sont tour à tour par le climat et se succédant les uns aux autres, sans laisser après eux ni tradition ni résultats profitables à recueillir.

Jusqu'ici notre armée, mobile, sans consistance et toujours renouvelée, n'a pu rien fonder en Afrique, du moins en proportion des ressources infinies dont elle dispose. Nos légions, toujours prêtes à rentrer en France, n'ont laissé après elles aucun établissement ; ou si elles ont exécuté des routes militaires et d'admirables travaux publics, aucune d'elles n'a pu y attacher son nom et n'a laissé par conséquent aucun souvenir particulier de ses services capable d'enfanter l'émulation des autres corps. Tels sont les inconvénients de l'organisation mutationnaire de notre armée, digne complément de ceux qui résultent de son caractère exclusivement militaire et essentiellement improductif pour l'agriculture. Il est vrai qu'on s'est dissimulé la gravité de ces inconvénients sous le prétexte d'exercer nos troupes et de les aguerrir pour le cas d'une rupture en Europe. L'Afrique, à ce point de vue, a été une excellente école d'apprentissage militaire, un théâtre de brillants faits d'armes où notre jeune armée a ressuscité le vieil héroïsme des croisades et des guerres non moins chevaleresques de la République et de l'Empire. C'est là un beau résultat sans doute, et d'une haute portée pour l'avenir. Mais ce n'est point assez, même à ce point de vue spécieux, car il y a d'autres éventualités à prévoir ; et c'est afin d'y préparer notre armée qu'il faudrait que l'Afrique devînt surtout une école d'apprentissage pour de grands établissements coloniaux. L'Orient, en effet, est désormais destiné à une colonisation européenne. C'est une terre qui appartiendra bientôt au premier occupant ; et la nation qui pourra y envoyer le plus de colons capables de s'y défendre par eux-mêmes, en s'accommodant de prime abord à toutes les circonstances des races et du sol, y exercera naturellement la souveraine influence. Qu'on ne parle pas non plus de l'éloignement de semblables possessions ni de la folie des invasions lointaines. Avec les paquebots à vapeur une conquête en Orient est aussi rapprochée et aussi sûre que si elle était faite en Europe. C'est donc pour l'éventualité des entreprises coloniales en Orient que nos soldats doivent aussi se préparer en Afrique; car il y a telle riche contrée bien plus mûre pour tomber en notre pouvoir que ne le sont aujourd'hui les rives du Rhin.

Il y aurait là, sans doute, des avantages capables de compenser en partie l'emploi actuellement improductif de nos troupes; mais cet emploi stérile des forces nationales et de l'héroïsme de notre armée, n'en est pas moins regrettable et peut-être sans excuses. En effet, pourquoi prolonger une telle déperdition de facultés si éminentes et de ressources si fécondes, lorsqu'il serait non-seulement possible, mais encore facile de les utiliser? L'armée est destinée à devenir un des grands instruments de notre civilisation. Elle commence déjà à se montrer comme un immense laboratoire où toutes les sciences sont mises au service du pays. Elle est surtout l'école où s'instruisent les enfants du peuple, et où les dernières classes de la société, se rachetant de la misère et de ses vices, s'initient aux lois de l'honneur, et participent à l'héritage des anciennes traditions chevaleresques. Dans de telles conditions, ce n'est pas trop bien augurer de l'armée, ni exagérer son importance, que de la croire capable de se transformer en associations colonisatrices, et de prêter le cadre de quelques-unes de ses légions pour enrégimenter des soldats agriculteurs et industrieux, comme étaient les anciennes milices féodales ou communales, ou comme serait encore de nos jours une garde nationale mobilisée.

Il s'agit maintenant de savoir comment on doit enrôler ces colons militaires; nous verrons après comment il faudra les établir. Et d'abord la classe des travailleurs, celle dont les bras doivent assurer la subsistance de la colonie, est la plus difficile à trouver: c'est elle aussi dont le choix exige le plus de discernement; car déjà un premier essai infructueux a été fait en ce genre.

On a essayé en 1833 d'établir dans nos possessions d'Afrique de petits villages militaires, peuplés de soldats libérés et de vétérans, et l'on y attira par des encouragements des hommes aptes peut-être à devenir d'excellents caporaux, mais nullement des agriculteurs et des artisans énergiques, comme il en fallait à ces colonies pour se suffire à elles-mêmes. Aussi, qu'en résulta-t-il? Les plus jeunes, parmi les soldats libérés, après avoir reçu des terres, des instruments aratoires et des provisions, ont commencé par manger leurs vivres; et puis, comme rien ne les obligeait de rester, impatients d'ailleurs de revoir leur village, ils ont abandonné leur établissement sans y avoir rien fait. Pour les vétérans ce fut bien pis encore: accoutumés à l'activité improductive des camps ou au *far niente* de la caserne, comment auraient-ils pu comprendre qu'après vingt ans de service, il était encore temps pour eux de cultiver la terre pour se créer un petit avoir, pour devenir pères de famille, et laisser un héritage à leurs enfants avec les moyens de l'agrandir?

Nous ne parlerons pas des dépenses onéreuses de ces malheureux essais; mais il est bon de rappeler qu'on eut soin alors d'en éloigner précisément les gens qu'un bon esprit de colonisation aurait dû s'empresser d'y introduire; par exemple, des Suisses du canton de Fribourg et quelques bons cultivateurs français, dont il aurait été si facile de faire d'excellents soldats, sans les obliger à rien oublier de leur industrie agricole. Les tristes résultats de cet essai ne doivent donc pas nous décourager d'en faire un nouveau; car celui que nous proposons est précisément l'antipode du premier, puisque les vétérans et les soldats libérés y sont la pire espèce de colons militaires. Ces hommes, en effet, lors même qu'ils fussent nés agriculteurs ou artisans, c'est-à-dire dans les conditions les plus favorables à l'établissement de la colonie, ont entièrement perdu les habitudes de leur première position. Comment donc, après qu'ils sont arrivés à un âge mûr, c'est-à-dire à l'âge où l'on ne change plus, voudrait-on leur faire reprendre des habitudes oubliées et souvent devenues pour eux intolérables?

Il faut donc s'adresser à des hommes qui, se trouvant encore artisans et agriculteurs, n'ont qu'à faire un facile apprentissage de soldats pour devenir d'excellents colons militaires. Mais ceux-ci, comment les appeler? Attendra-t-on des enrôlés volontaires sortis de toutes les classes de la société, et excités par la perspective d'un état meilleur? C'est compter sur une donnée fort incertaine. M. le général Bugeaud la croit sûre, et « il est probable, dit-il, qu'il y aura foule pour répondre à l'appel. » Nous en doutons fort, car nos populations françaises tiennent singulièrement au sol de la patrie, et elles ne s'en détacheront jamais d'elles-mêmes. Il faut donc compter sur une autre classe que celle de ces volontaires. Or, après celle-là, je ne vois que la classe des conscrits, laquelle, précisément, remplit toutes les conditions désirables; car elle est détachée du sol par la loi qui l'appelle sous les armes, elle est mobilisée, et on peut la conduire où l'on veut. D'un autre côté, elle est neuve comme la question à laquelle il faut l'appliquer. Elle est sans habitudes prises, par conséquent sans répulsion aucune pour la colonisation, et on peut l'instruire et la façonner à volonté, l'accommoder à toutes les exigences de la vie coloniale. Le recrutement annuel de nos 80,000 conscrits, voilà donc la source de nos colons militaires. Loin toutefois de pouvoir y puiser sans discernement et songer à faire un bon colon d'un mauvais conscrit, là, comme partout ailleurs, il faut savoir choisir. On devra même y mettre d'autant plus de soin que, sûr de la quantité, on n'aura plus qu'à rechercher la qualité. C'est la seule classe vraiment où les volontaires ne feront pas défaut; car ces conscrits, obligés déjà au service militaire, seront d'autant plus heureux d'avoir la liberté du choix qu'ils s'y attendent moins et se croient tous destinés à une obéissance brutale et passive. C'est donc parmi eux que la foule répondra à l'appel, surtout si l'on attache quelque avantage positif à leur détermination.

Quittant en effet leur village, où ils ont peut-être ambitionné vainement le rôle de petits propriétaires, et où les rappellerait plus tard la même ambition si le désespoir de la satisfaire ne les poussait ailleurs, combien ne trouveront-ils pas préférable d'aller échanger en Afrique, contre ce qu'ils appellent l'esclavage du régiment, une position libre, peut-être même fortunée et analogue à celle qu'ils avaient rêvée dans leur jeunesse laborieuse? Combien ne s'estimeront-ils pas heureux de trouver aussitôt dans l'Algérie ce qu'en France ils ont cherché si longtemps en vain! Nul doute assurément qu'il ne se recrute ainsi, dans les 80,000 conscrits de chaque année, assez de colons volontaires, et plus même qu'il n'en faudrait pour leur permettre de cultiver à leur profit et en propriétaires le sol de la Régence. D'un autre côté, avec leurs habitudes toutes fraîches de cultivateurs, qui pourrait douter de leur aptitude, de leur intelligence et de leurs moyens de succès dans le nouvel établissement?

On devrait y rendre leur résidence obligatoire pour un temps égal à la durée du service militaire. Or pendant sept années que ne pourrait-on pas obtenir d'eux? A l'expiration de leur engagement, on les retiendrait dans la colonie par un accroissement de priviléges qui appartiendraient de droit à ceux qui, dans l'intervalle, consommeraient leur établissement par des mariages avec des filles indigènes ou d'origine française; on les rendrait, par exemple, propriétaires de tout ce dont ils auraient été possesseurs et usufruitiers; mais dans tous les cas, on verrait bien peu de colons, à l'expiration de leur service, abandonner ces propriétés défrichées et fécondées de leur propre main, pour aller retrouver dans le pays natal une misère héréditaire, et échanger contre la vie au jour le jour de leurs pauvres parents une existence indépendante et ouverte à d'heureuses chances de fortune. Non; le jeune soldat, qui durant sept années consécutives se serait identifié à son grand profit à tous les intérêts de l'Afrique, ne sacrifierait point ce qu'il y aurait gagné à ce qu'on nomme *le mal du pays;* il retournerait pourtant dans ce pays, mais pour y montrer ce qu'il serait devenu, en rapporter des moyens d'accroître son bien-être, amener avec lui quelques compagnons, et peut-être une épouse qui donnerait une famille de plus à la France africaine. Telle serait l'histoire de presque tous les conscrits auxquels le Gouvernement permettrait d'échanger la vie de soldat de caserne contre celle de libre colon.

Cependant il faudrait se garder d'être exclusif dans le choix des colons. Le conscrit ambitieux d'une petite propriété, comme il y en a tant parmi ceux qui sortent de leur village pour entrer à regret dans l'armée où ils ne voient aucune perspective d'avenir, nous a paru le type du colon militaire, l'homme le plus apte à se mettre en rapport avec le climat et les races de l'Afrique, à se façonner à des mœurs tour à tour sédentaires et aventureuses, industrieuses et nomades, agricoles et guerrières; mais il va sans dire qu'on admettrait tous ceux dont la profession pourrait servir directement les intérêts de la colonie. Tout homme intelligent et de bonne volonté, qui voudrait s'enrôler, serait accueilli avec empressement; mais cette minime exception mérite à peine d'entrer en ligne de compte. L'important serait toujours de bien choisir dans la classe des jeunes recrues dont le Gouvernement peut disposer à volonté pour le service du pays.

Si nous insistons tant sur la nécessité d'un bon choix, c'est pour protester de toutes nos forces contre le pêle-mêle qu'on semble avoir constamment recherché en pareille occasion, surtout contre le préjugé qui ne montre dans les colonies que des exutoires pour l'écume et la lie de la société. Peut-être nous faudrait-il des établissements de cette nature; mais ceux-là prennent un autre nom, s'appellent colonies pénitentiaires et sont aux antipodes de l'œuvre qui doit s'accomplir dans l'Algérie. Aussi bien, j'espère pour mon pays, qu'il n'aura jamais assez de criminels pour rivaliser à cet égard avec un état voisin trop glorieux, sans doute, d'avoir couvert de ses immondices les plus beaux rivages de l'Océanie. Quant aux colonies vraiment dignes de ce nom, elles ont le but le plus noble et le plus élevé qu'il soit donné à un grand peuple de concevoir : c'est celui d'étendre au loin la puissance de la métropole en multipliant les filles de la mère-patrie, en agrandissant la famille nationale et la mettant au service de la civilisation et de l'humanité. Or, ces colonies ne se fondent pas avec l'écume ni avec la lie de la société, mais avec ce qu'elle renferme de plus ardent et souvent aussi de plus généreux. Celles-là ne se proposent pas de délivrer la métropole de ses criminels, ni même d'une population oisive et vagabonde, mais bien de donner un débouché à la portion active et ambitieuse qui, tourmentée du besoin de croître en richesses et en pouvoir, serait capable, pour le satisfaire, de tout ébranler. Les forces de cette portion sociale impatiente du repos n'ont besoin le plus souvent que d'une bonne voie pour avancer, et d'un théâtre pour grandir quelquefois jusqu'à l'héroïsme. Ainsi, certains hommes ardents et laborieux qui se croient républicains parce qu'ils font de l'opposition au Gouvernement, seraient à mes yeux des instruments colonisateurs de la trempe la meilleure. Si leurs passions que vous appelez mauvaises, sont dangereuses, c'est qu'elles sont déviées ou trop comprimées dans une société où toutes les places sont prises et toutes les carrières envahies; ouvrez-leur un nouveau champ, et ces hommes d'un ressort prodigieux deviendront les agents les plus actifs de notre influence et les plus intrépides propagateurs de notre civilisation; c'est parmi eux surtout que vous trouverez les bons officiers et sous-officiers qui vous manquent pour vos légions de soldats agriculteurs. Que feriez-vous, au contraire, avec la population lâche et vicieuse qui n'aime le désordre que pour se dispenser du travail? Ce n'est pas avec elle assurément que vous fonderiez une colonie qui fût en Afrique une nouvelle France; ce n'est donc pas à elle qu'il faut recourir, mais bien à ce qu'il y a de plus actif ou de plus neuf dans nos populations, c'est-à-dire à la classe des jeunes recrues, ou bien aux gens inquiets, mécontents, mais probes et laborieux.

Pour fonder avec ces divers éléments les colonies militaires dont nous avons entièrement oublié l'expérience et auxquelles nous sommes pour le moment aussi étrangers par nos idées que par nos mœurs, il faudrait enfin apporter le plus grand discernement au choix des hommes qui en auraient la direction. Nous avons dit en commençant combien notre société centralisée nous rendait impropres au maniement des choses africaines. Une extrême disette d'hommes capables se fera donc longtemps sentir chez nous, à moins qu'on n'aille les former en Afrique ou qu'on ne les prenne parmi ceux qui dans la vie civile et militaire y ont déjà fait leur apprentissage. Une fois qu'on aurait trouvé un ou plusieurs colonels aussi bons administrateurs que guerriers, et réunissant toutes les qualités que réclament des légions de colons militaires, on devrait leur donner pouvoir discrétionnaire et pour le choix des auxiliaires et pour celui des jeunes recrues; ils pourraient, par exemple, venir chercher eux-mêmes celles-ci dans les localités dont les habitants seraient connus d'eux ou leur inspireraient le plus de confiance. Enfin, pour plus de précaution, on pourrait exiger qu'il fût d'abord organisé un noyau, un point générateur où les jeunes soldats choisis par des chefs responsables du succès et surtout intéressés à l'entreprise, recevraient une éducation spéciale, et y deviendraient des colons-modèles destinés à instruire et à former d'autres colons.

Nous avons déjà dit combien l'éducation de ces conscrits serait facile, tandis qu'ils n'ont aucune habitude qui lui soit contraire. Cette éducation comprendrait la manière de vivre et de se vêtir sous le climat nouveau de l'Afrique, les soins de la culture, les rapports de commerce et d'échanges à établir avec les Arabes, tous les moyens de se suffire à soi-même, mais surtout l'art de défendre sa petite propriété. Établis ensuite par groupes dans les postes les plus importants et les plus vulnérables de l'intérieur, les jeunes soldats formeraient le fonds même de la colonisation; et tout aussitôt que ce fonds, que cet absolu nécessaire existerait, on verrait sans retard arriver l'accessoire; la sécurité appellerait alors les émigrants; et les petits marchands, les libres industriels viendraient cohabiter avec les petits propriétaires. De leur union naîtraient des intérêts de localités, qui se soumettraient d'eux-mêmes à une administration communale, prendraient de la consistance dans une solidarité réciproque, et trouverait dans une défense mutuelle la protection permanente d'une garde nationale mobile. Du reste tous les accidents des municipalités guerrières se reproduiraient naturellement dans chacune de ces colonies; mais ce serait aux colons à y pourvoir eux-mêmes, une fois leur service obligatoire expiré, et lorsqu'ils se seraient établis en Afrique sans retour.

Tel est, dans ses traits les plus rapides et les plus généraux, le plan de colonisation qui nous semble le plus favorable à une occupation à la fois sûre et productive de l'intérieur de l'Algérie.

Mais une objection se présente : les colons pris parmi les conscrits en diminueraient le nombre d'autant, et il faudrait, pour combler la lacune, recourir à un nouvel appel de soldats injustement arrachés à leurs foyers? Nullement, puisque ces colons seraient aussi des soldats, et des soldats d'autant plus actifs, qu'ils seraient plus intéressés à maintenir la domination française sur les terres de la colonie. D'ailleurs, comme nous l'avons dit, le conscrit qui choisirait la destination de l'Afrique, ne serait pas le villageois inerte et poltron, mais l'homme naturellement actif et ambitieux, alerte et dispos, non-seulement à la vie agricole et industrieuse du petit propriétaire, mais aux coups de fusils qui peuvent en assurer la conservation. Ainsi les hommes connus dans leur village pour être dispos aux coups de mains, seraient acceptés de préférence : les braconniers, par exemple, et toutes ces précieuses mauvaises têtes, ardentes au dévouement comme à l'action, et si faciles à gouverner quand on sait les prendre par la fierté du cœur. Heureux de tenter à la fois et les aventures et la fortune, surtout d'être échappés à la vie de garnison, qui, à moins de les briser ou de les abrutir, n'aurait jamais fait d'eux, en France, que des soldats rebelles et indisciplinés, ils deviendraient, en Afrique, des héros de Mazagran; et l'on sait comment des hommes de cette trempe nous dispensent d'entretenir de fortes garnisons.

Avec de pareils défenseurs établis dans l'Algérie, et toujours alertes à courir sus aux Arabes pillards ou à repousser ces ennemis inexpérimentés dans l'art de prendre des places murées, bien loin d'être obligés d'appeler de nouveaux soldats sous les armes, combien ne pourrions-nous pas diminuer le personnel de nos troupes d'Afrique! Les Koulouglis, au nombre de 8 ou 10,000, gardaient, sous les Turcs, tout l'intérieur de la Régence. Lors même qu'il nous faudrait le double de colons militaires, il y aurait toujours loin de ce chiffre à celui des 50 ou 60,000 hommes que nous employons en ce moment. En même temps, ces colons adonnés à la culture des champs, à l'éducation des bestiaux et au commerce compatible avec l'industrie agricole et pastorale, trouvant dans leur organisation la sécurité et toutes les ressources nécessaires à leur entretien, nous affranchiraient de la solde de 30,000 hommes, c'est-à-dire d'une charge de 30 millions par an, tandis que, d'un autre côté, quelques régiments et peu de dépenses suffiraient à l'occupation des principales villes du littoral.

Tels seraient les résultats de la colonisation militaire avec le recrutement des jeunes conscrits qui est le point de départ de notre système. Dans tous les cas, c'est là un moyen de solution qu'on n'a pas encore appliqué à la question de notre colonie et qui nous semble en résoudre toutes les difficultés pratiques, puisqu'il pourvoit aux soins de la défense aussi bien qu'à ceux de la culture. Avec ces légions de soldats agriculteurs qui trouveraient en eux-mêmes leurs propres ressources, nous serions sûrs à jamais de conserver l'Algérie, et nous la garderions sans dépenses ruineuses, en attendant le moment où elle pourrait venir en aide à la mère-patrie.

Après avoir exposé les nouvelles données du problème, il convient de jeter un coup d'œil sur le terrain de l'application, c'est-à-dire sur la question de l'occupation restreinte ou développée ; et il s'agit de circonscrire celle-ci de manière à ne pas lui faire embrasser plus que nous ne pouvons étreindre, surtout à ne lui faire étreindre que ce que nous avons profit à garder. Et d'abord il faut bien examiner les deux formes sous lesquelles doit s'exercer notre domination dans l'Algérie ; l'une et l'autre doivent être proportionnées au degré de relations intimes que la proximité et la situation des lieux nous permettent d'établir avec les indigènes. C'est pour ce motif que nous avons déjà distingué l'occupation des villes du littoral de celles de l'intérieur. Quant aux villes maritimes, elles doivent toutes rester directement soumises à notre civilisation ; car la distance qui nous en sépare ne peut être un obstacle à l'action de notre influence, ni à l'exercice de notre souveraineté.

La capitale de notre gouvernement africain devait donc naturellement et immédiatement recevoir tous les germes de nos institutions. Aussi Alger reproduit-il déjà l'image complète de la société française, et ses environs présentent avant tout les caractères d'un établissement civil. Quant aux positions de l'intérieur et à celle de Constantine, par exemple, ce dernier genre d'établissement y eût été inopportun et prématuré; il y eût froissé trop violemment les habitudes des populations : il a donc fallu se contenter d'y établir notre autorité militaire sous une forme féodale, appropriée aux mœurs et aux libertés de chaque tribu. Or c'est grâce à cette forme si sagement adoptée pour nous mettre en rapport facile et immédiat avec les institutions indigènes, que nous devons aujourd'hui de commander à presque tout le plateau de l'ancienne et fertile Numidie, et pouvons à la fois nous faire comprendre et respecter de ses populations industrieuses et guerrières. En réalité donc, nous avons deux centres comme deux systèmes de colonisation; l'un regardant du côté de la France et de la civilisation, l'autre dans l'intérieur de l'Afrique et se rapprochant davantage de la barbarie, pour lui offrir un pont de passage et un degré d'initiation vers les bienfaits de notre société chrétienne. Mais comme on le conçoit très bien, cette dualité n'existe que dans la forme; car la pensée et le but de la colonisation sont nécessairement un.

Toutefois, cette unité de vue a un besoin urgent de se traduire en faits patents et matériels. Ce n'est qu'à cette condition qu'elle pourra frapper vivement l'imagination mobile des Arabes et les convaincre de l'inutilité de leur résistance, et c'est dans ce but qu'a été accomplie l'expédition des *Portes-de-Fer*. Ce fameux défilé est en effet le lien de toutes les communications méridionales des deux provinces, ou pour mieux dire des seules communications par terre qui puissent s'établir entre les deux moitiés de nos possessions; car même aujourd'hui Alger et Constantine ne peuvent se mettre en rapport que par mer. Or, comme on n'est pas toujours maître de celle-ci, non-seulement la communication des deux chefs-lieux de notre colonie n'est encore ni régulière ni assurée, mais chacun prévoit combien ces inconvénients pourraient s'accroître dans le cas d'une guerre maritime. Il pourrait alors arriver que nos établissements d'Afrique fussent coupés en deux, et qu'au lieu de se protéger mutuellement, ils courussent risque de se laisser vaincre l'un après l'autre. C'est donc pour remédier à l'éventualité de ce danger autant que pour fonder l'unité territoriale de notre colonie, qu'il faut avant tout considérer la question de savoir si notre occupation doit être restreinte ou développée. Nous avons dit au commencement que notre développement dans la province de Constantine s'était justifié par le fait même de la soumission des habitants; nous pouvons ajouter à présent qu'il était impérieusement réclamé par le besoin de fonder l'unité de notre domination. D'un autre côté, les alliés que nous nous sommes faits dans le désert, la victoire que le Cheik-el-arab a remportée à Selsoms et l'hommage qu'il en a rendu à la France, nous font pressentir les avantages que nous pourrons retirer de notre extension dans cette province, lorsqu'elle sera définitivement jointe par terre à la capitale de la colonie.

Quant à la province d'Oran, généralement peu fertile et peu habitée, nous ne comprenons pas qu'on raisonne de la même manière que pour celle de Constantine. Aussi le système qui propose une occupation générale et sans choix de l'ancienne Régence, nous a-t-il paru un peu trop ambitieux, comme le sont du reste tous les plans tracés sur la carte.

D'un autre côté, la question dépend beaucoup des moyens d'action et d'autorité dont nous ferons usage. Avec de bons instruments colonisateurs l'occupation serait facile et sûre ; et dès lors, on pourrait l'étendre dans l'intérieur ; mais avec de mauvais instruments, elle sera difficile et précaire ; et tant qu'on voudra les employer, il sera prudent de se restreindre. Nous désirons toutefois que, même avec nos légions exclusivement militaires, mobiles, inconsistantes et préoccupées d'une pensée de retour, nous allions occuper Médéa et Miliana, lieux de passage des caravanes et postes stratégiques d'où nous commanderons d'un côté au cours du Chélif qui est la grande artère vitale de l'Algérie, de l'autre à la plaine et au fort d'Hamza qui nous joindra aux *Portes-de-Fer*, et assurera nos communications par terre avec Constantine. Nous désirons cette occupation développée, d'abord parce qu'elle est immédiatement nécessaire pour disperser les éléments de puissance que nous avons nous-mêmes imprudemment réunis dans les mains d'Abd-el-Kader ; ensuite parce que la nécessité de transformer ces éléments, à la fois rebelles et indestructibles, nous apprendra par expérience le véritable moyen de les contenir, en attendant que le temps nous vienne en aide pour les transformer. Cette occupation sera du reste simplifiée par un système qui simplifie tout : par l'exercice, non d'une souveraineté directe, mais d'une simple *suzeraineté*. Ce mot introduit dans le rapport de la commission pour les crédits supplémentaires de l'Algérie, et sanctionné par le vote des Chambres, nous semble un immense progrès. Il coupe court à tous les inconvénients d'une occupation guerroyante et agitée dont nous avons fait durant sept années une si triste expérience, et il annonce un système féodal qui doit exister partout où il y a une société fondée sur la conquête.

Ce système consiste à laisser un pays s'administrer lui-même, sous la surveillance générale du gouvernement central qui respecte tous les faits traditionnels et prend pour devise : *je maintiendrai*. Maintenons donc le système arabe, mais en l'améliorant, en y introduisant une ferme et probe administration, en la confiant à de bons *justiciers* comme auraient dit nos vassaux du moyen-âge.

Maintenant s'il s'agit de trouver des débouchés pour la sève nationale, sachons bien fixer notre choix. Portons-le du côté où cette sève, toujours précieuse, lors même qu'elle déborde, n'ira pas se perdre dans des sables arides ni lutter en vain contre des barrières infranchissables ; et veillons avec sollicitude à ce qu'elle s'épanche toujours comme une eau fécondante, sans déperdition, sans trouble et sans reflux. Or l'expérience des colonisations antérieures, non-seulement nous montre l'emploi que nous en devons faire pour des établissements agricoles et guerriers, mais nous signale encore les lieux où nous pouvons la diriger avec succès. C'est ainsi que les vieux débris nous indiquent à leur tour la place des nouvelles fondations; car il n'est pas jusqu'aux pierres, témoins irrécusables du passé, qui ne soient des conseillers infaillibles pour l'avenir. C'est elles, en effet, qui prennent la parole là où les antécédents historiques nous manquent, où les écrivains de l'antiquité nous font défaut, et où les contemporains n'ont rien à nous apprendre. Les ruines qui sont encore debout doivent donc nous guider aussi dans nos essais : clairsemées et à peine visibles dans l'ouest de la Régence, elles sont aussi imposantes que nombreuses dans la partie orientale. Ainsi la présence des vieilles constructions romaines nous appellera à chaque pas dans la province de Constantine, comme leur absence ou leur rareté nous éloignera de l'intérieur de la province d'Oran. Comment d'ailleurs peut-on confondre ces deux provinces, lorsque l'une nous conduirait vers une extension sans but, et que l'autre nous rend voisins de l'ancienne Carthage et met sous nos mains les destinées de Tunis? Pour comprendre enfin le triste parti qu'il y aurait à nous agrandir vers le désert et vers l'ouest de la Régence, sachons profiter des avis charitables que nous donnent les Anglais.

Voici comment s'exprime le *Morning-Chronicle* au sujet de notre Algérie : « Cobbet, parlant du partage de l'Amérique, disait qu'en découpant le taureau les Etats-Unis avaient eu la peau et la viande, tandis que l'Angleterre avec le Canada n'avait eu que les pieds et les sabots. C'est précisément ce que les Français ont obtenu en Afrique, et nous n'envions pas leur lot. »

A cette remarque aussi juste en apparence que maligne en intention, nous n'avons qu'un mot à répondre. C'est que le taureau dont il est question pour nous n'est pas encore partagé, qu'il est encore vivant, et que nous sommes assez satisfaits de le tenir par les pieds et les sabots; qu'enfin, lorsque le moment sera venu de l'abattre, nous saurons pourvoir à la distribution de la viande, et que sa peau découpée, comme celle qui, d'après la légende antique, servit à fixer le périmètre de Carthage naissante, entourera de même le berceau d'un établissement qui ne nous rendra pas jaloux des colonies britanniques.

PARIS. E. DUVERGER, IMPRIMEUR, RUE DE VERNEUIL, N° 4.

www.ingramcontent.com/pod-product-compliance
Ingram Content Group UK Ltd.
Pitfield, Milton Keynes, MK11 3LW, UK
UKHW021039200726
13857UKWH00005B/1811

9 782012 472259